AF259996

SOCIÉTÉ

DES AMIS DE LA CONSTITUTION,

SÉANTE AUX JACOBINS, A PARIS.

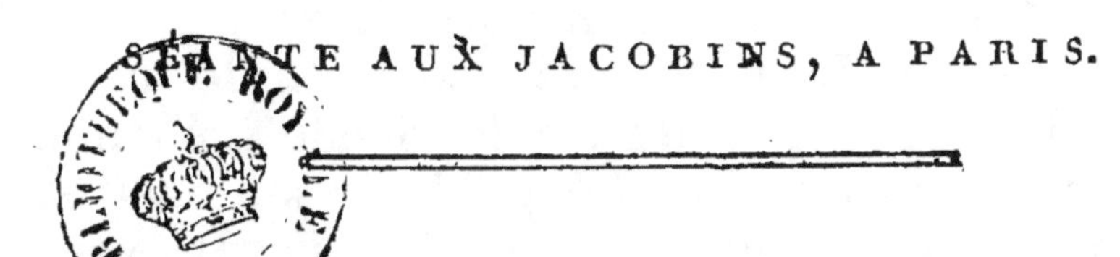

DISCOURS DE CAMILLE-DESMOULINS,

Sur le parti que l'Assemblée nationale doit prendre relativement à la proposition de guerre, annoncée par le pouvoir exécutif;

Prononcé à la Société, le 25 décembre 1791.

MESSIEURS,

La question qui nous occupe ne pouvoit pas être si nous déclarerons la guerre. Il y a plus de six mois que les rébelles ont pris les devants et

Desmoulins.   A

qu'ils nous l'ont déclarée ; car ce qui fait la déclaration de la guerre, ce n'est point l'ouverture de la campagne, mais les campemens, le manifeste et la levée de boucliers ; et il y a long-temps que tout cela se fait au-delà du Rhin ; il y a long-temps que pour la contre-révolution, Mirabeau et Rohan recrutent, Calonne emprunte, Breteuil négocie, Condé fait des revues et des manifestes, et la famille de Bouillé trahit. La question n'est donc pas si on déclarera une guerre qui est déjà déclarée.

La question n'est pas même si nous ferons la guerre ; car que nous la voulions ou que nous ne la voulions pas, nous aurons la guerre, et nous serons attaqués sous trois mois, quoique nos endormeurs ayent dit le contraire jusqu'au *veto*. Déjà les brigades aristocrates retirées des cantonnemens du Brabant se répandent sur les deux rives du Rhin. Le ministre de Suède à Vienne déclare officiellement à Léopold que son maître, la Russiet et l'Espagne se sont ligués pour le rétablissement de la monarchie françoise, et l'empereur adhère au *conclusum* de la diette de Ratisbonne, ordonne aux cercles de l'Empire de fournir leurs contingens de troupes.

La seule question est donc si nous devons attaquer ou nous tenir sur la défensive.

L'opinion de Robespierre m'a laissé peu de développemens à ajouter. Cet excellent citoyen a un grand avantage sur nous tous. D'autres n'ont jamais varié, non plus que lui, dans les principes ; lui seul ne s'est jamais trompé sur les hommes. Après avoir entendu le discours profondément politique, entraînant, irréfutable, qu'il a prononcé hier, on ne peut que dire à l'assemblée nationale ce que Cicéron disoit au senat, après avoir dévoilà les desseins d'Antoine : *pères conscrits, celui de vous qui ne voit pas tout cela est un insensé ; celui qui le voit et qui décrète qu'Antoine commandera les légions, est un traître.*

Je parcours d'abord les raisons qu'on a données pour l'attaque.

On vous a dit : l'entretien de votre armée vous coûtera l'année prochaine 190 millions ; vos finances ne peuvent faire face long-temps à une telle dépense. Comme si 800,000,000 de bien au soleil, que les émigrans ont en France, et qui seront saisissables au premier janvier, comme si cette belle poire pour la soif ne vous tranquillisoit pas de ce côté ; avec 800,000,000, on fait aisément face à 190 millions

On vous a dit que le nom françois est avili chez les peuples voisins ; qu'il faut le venger. Le nom d'un peuple qui a pris la Bastille, d'un peuple, comme on vous l'a dit, esclave le matin et libre le soir ; d'un peuple qui eut fait une constitution meilleure encore que celle que lui ont donné ses représentans, et dont les tribunes valoient toujours mieux que l'assemblée constituante ; on ne peut pas avilir le nom d'un tel peuple ; on ne peut que le blasphémer ; et que nous importe d'impuissans blasphèmes ? Continuons à verser autour de ces esclaves blasphémateurs des torrens de lumières qui ne sauroient tarder à nous en venger. Est-ce au peuple françois aujourd'hui à craindre le mépris des autres nations ?

A entendre M. Rœderer dire aux soldats : *allez, municipalisez par-tout,* comme le révolutionnaire de Nazareth disoit à son club galiléen : *allez, baptisez par-tout,* ne sembleroit-il pas que l'un n'est pas plus difficile que l'autre ? M. Rœderer m'avouera que, dans ce moment, les peuples doivent être peu disposés à recevoir votre baptême , après l'exemple du baptême de sang de la ville d'Avignon. Le soldat dit : il aura dans sa giberne non-seulement de la poudre et du plomb, il sera muni de maints petits formats distributifs de la constitution, avec quoi il municipalisera ; mais la preuve que les princes ne redoutent point si fort cette constitution, c'est que Léopold vient de faire afficher à Vienne la constitution françoise, imprimée à l'imprimerie royale, et que tous les Autrichiens peuvent l'acheter chez son imprimeur, Trautner. Quoi ! nous ne pouvons municipaliser à notre porte, et nous prétendons municipaliser à Spandau et en Sibérie ! Ceux qui opinent pour l'attaque, ne repondront jamais à ce mot énergique de Robespierre : « est-ce quand » le feu est à notre maison, qu'il faut aller l'étein- » dre chez les autres ? » Voilà pourtant à quoi se réduisent les raisons d'attaquer, tirées de la pénurie accélérée des finances, de la facilité du succès, et de la dignité du nom françois.

Représentant du peuple, dit Louis XVI, *j'ai senti vivement son injure ; j'ai senti profondément qu'il est beau d'étre roi d'un peuple libre.* Non, Louis XVI, et je m'exprime ainsi sans ressentiment, car, comme je l'ai dit, je n'exige point de votre cœur des sacrifices impossibles, je n'exige point de vous, pour la liberté, un *amour anti-physique* dans un roi ; je vais dire ce que vous et votre conseil feuillant vous avez profondément senti.

Vous avez senti avec Machiavel et avec tous les historiens, que faire la guerre fut toujours la grande ressource des rois, quand ils étoient tracassés par des remontrances sur l'impôt ; ou du sénat, quand les Jacobins de Rome dominoient dans les sections ou les trente-cinq tribus ; vous avez senti que leur grand secret fut de semer la guerre pour recueillir la tyrannie, et d'embraser la maison pour la piller à leur aise. En cela, vous vous serez trompé, car cette fois je suis bien sûr que le profit de l'embrasement général de l'Europe demeurera aux nations ; mais il ne s'agit pas ici de ce qui arrivera, mais de ce que vous espérez. Je dis que c'est là ce que vous avez senti profondément, et c'est pour cela que vous voulez la guerre.

Peut-être même, quoique la présomption royale soit sans bornes, ne vous êtes-vous pas dissimulé, non plus que Mallet-du-Pan, l'incertitude des événemens de cette guerre ; mais vous avez senti profondément qu'elle ne pouvoit, quoiqu'il arrivât, être plus funeste au despotisme que la paix. Vous avez senti que les complots de vos amis aristocrates, 89, feuillans, contre-révolutionnaires ou constitutionnaires, échouoient tous contre les amis de la constitution. Vous avez senti que la société des Jacobins, si redoutable pour les ennemis de la nation, n'a fait que s'affermir par les coups qu'on lui a portés, et que s'aggrandir par ses pertes. De quoi a-t-il servi à Montmorin, comme ses amis viennent d'en faire eux-mêmes l'aveu, de compter tous les mois m'lle écus à M. *Saint Jean-d'Angély*, pour ses observations du postillon par Calais, et douze cents livres à M. *Duquesnoy*, pour l'ami des patriotes ? De quoi à servi contre la société cette immensité de libelles, qui est telle, que personne ne trouvera que j'exagère, en doutant si l'étendue de cette salle pourroit les contenir tous ? Que leur a-t-il servi de combiner si savamment les manœuvres de la journée du 17 juillet, et la Saint-

Barthelemy du Champ-de-Mars, où ils s'étoient flattés, le lendemain du grand schisme des Feuillans, d'exterminer les Jacobins ? On ne sauroit se figurer, et je suis pourtant de cette anecdote, la rage, les remords de quelques-uns de ces *modérés*, quand, ayant visité, comme Charles IX, les cadavres, ils n'ont reconnu aucun des patriotes qu'ils poursuivoient, quand ils ont vu qu'ils avoient perdu le fruit de tant d'assassinats, et que leur désespoir n'a pu s'exhaler qu'en impuissans décrets de prise-de-corps. Que leur en est-il revenu ? Bientôt la société s'est relevée plus florissante, et les Jacobins peut-être n'ont jamais été plus respectables et mieux établis dans l'opinion que depuis ce jour, où il ne leur restoit de l'assemblée constituante que Pétion et Robespierre, parce qu'il ne leur restoit que la vertu la plus pure, et que le peuple qu'on peut bien égarer un moment, mais qu'on ne corrompt jamais, finit toujours par se ranger autour du petit nombre d'hommes incorruptibles comme lui. Depuis, chaque jour a semblé ajouter aux triomphes de la société, dans les campagnes, par l'almanach du père Gérard ; au théâtre François lui-même, par la pièce de J. J. Rousseau ; dans le corps électoral, par le choix de Rœderer et de Prieur ; dans les sections, par le choix de Pétion, Danton et Manuel , et ce qui, sans être un choix aussi important, annonce bien plus en ce moment la hauteur du thermomètre ; moi-même, messieurs, hier j'ai été fait municipal. Qu'eut fait de plus pour les Jacobins un enchaînement de victoires dans la guerre, que ce que fait dans la paix la seule force de l'opinion ? C'est-là, Louis XVI, ce que vous avez senti profondément, vous et votre directoire autrichien. A la vue de ces triomphes de la société, qui en présageoient de bien plus grands, les Feuillans, longtemps déconcertés par leurs revers et abattus sous le poids de l'ignominie, relevés enfin et ramenés au combat par la nécessité de vaincre le *crescendo* du patriotisme, viennent de mettre leurs dernières espérances dans la guerre. A défaut du sage Bailly, il faut bien que le sage Léopold déploye le drapeau rouge contre les Jacobins ; et c'est pour cela que vous voulez avoir la guerre.

Vous avez senti profondément que rien n'est plus faux que ce qui a été dit à cette tribune ; que pour nos ennemis, c'étoit vaincre que de nous tenir les bras croisés en-deça du Rhin ; qu'eux seuls faisoient la guerre à nos finances et au crédit de nos assignats. Vous avez senti au contraire que par le décret qui vient d'être rendu sur la proposition de M. Pétion, décret qui défend de rien payer sans un certificat de six mois de résidence antérieure, nous faisons bien plus la guerre aux finances des émigrés que les émigrés ne font la guerre aux finances de la nation. Vous avez senti que ce décret attaquoit ; que, depuis deux ans, notre déclaration des droits attaquoit. Quoique Léopold vienne de risquer à son imprimerie royale une édition, corrigée sans doute, de l'acte constitutionnel, croyant peut-être à tort l'esprit de ses Allemands trop encroûté pour percer sa triple enveloppe, il n'est pas moins vrai que sans entrer en campagne, sans siége ni bastilles, sans coup férir, Carra fait à l'empereur une guerre plus funeste que n'en fit jamais à ses devanciers Cara Mustapha. Les armées de feuilles patriotes que nous envoyons incessamment, franchissent de toutes parts toutes les barrières qu'on leur oppose ; elles entrent dans toutes leurs villes;

elles sont cazernées dans toutes les maisons ; elles font depuis trois ans une guerre *offensive* la plus dangereuse que la liberté ait jamais fait aux despotes. C'est de cette guerre sourde que la presse fait aux rois, qu'il est vrai de dire que, dès que l'épée de la raison est hors du fourreau, elle n'y peut plus rentrer. Vous avez senti profondément que le succès étoit infaillible, que les despotes seroient nécessairement vaincus par la paix, au lieu qu'ils pouvoient vaincre peut-être par la guerre ; et voilà pourquoi vous voulez la guerre.

Montrons, avec la même évidence, pourquoi la cour veut que dans cette guerre ce soit le peuple françois qui attaque.

Vous voulez qu'on attaque, parce que vous savez très-bien qu'avec des assignats, l'armée ne pourra payer ses vivres. De deux choses l'une, ou l'armée manquera de tout, ou elle mettra le pays à contribution, et alors nous ferons la guerre, non plus comme un peuple libre qui poursuit, avec le glaive de la jutice, des traîtres, des criminels, et qui ne poursuit qu'eux, mais comme une meute féroce lâchée par un roi à la chasse des hommes, ce qui nous empéchera de municipaliser. Nous serons forcés de faire la guerre, non plus seulement à des princes et aux châteaux, mais aux peuples et aux chaumières. Si au contraire nous restons sur la défensive, nous n'avons pas besoin de monnoie pour faire la guerre ; dans notre pays nous la ferions dix ans sans numéraire aussi facilement que celle de Troye, où, n'y ayant point alors de monnoie, Homère dit que les héros achetoient du vin de Lemnos en donnant du cuivre, du fer, des peaux, des bœufs et des esclaves.

Vous voulez qu'on attaque, afin d'ôter aux na-

tions le prétexte d'une réponse qu'elles ne man-
queroient pas de faire au manifeste de leurs rois : *pourquoi voulez-vous que nous attaquions le peuple françois, qui a juré paix éternelle à tous les autres? Pourquoi voterions-nous des subsides pour une guerre si injuste?*

Vous voulez qu'on attaque, parce que vous craignez que le décret d'accusation ne fasse ren-
trer en eux-mêmes la plupart des émigrés, et que vos frères ne soient abandonnés. Vous savez que le plus grand nombre seroit revenu, si vous aviez sanctionné le décret; vous savez que la plupart hésitent avant de porter les armes contre leur patrie. Et comment des hommes de cette trempe n'éprouveroient-ils pas cette irrésolution dont Jules-César lui-même avoue qu'il ne pouvoit se défendre, et dont il ne se délivra qu'en passant le Rubicon? Vous voulez, en tirant le premier l'épée, les arracher aux réflexions, les embar-
quer dans une guerre commune, et leur faire passer le Rubicon. C'est pour cela que vous pré-
cipitez les hostilités. C'étoit également pour em-
pêcher qu'ils n'abandonnassent vos frères que vous avez mis le *veto* au décret d'accusation. Vous saviez que le fer rouge des boureaux les frapperoit plus de terreur que le fer ennemi; il ne me convient point, vous êtes-vous dit, que mes bons amis se regardent eux comme des traîtres, et Coblentz comme Bay Botany-bay. An-
noblissons plutôt leur cause à leurs propres yeux, en la déclarant commune aux princes d'empire et à toutes les têtes couronnées. Ainsi disparoît la contradiction apparente du *veto* et de la proposition de guerre, qui, loin de se contrarier, sont, comme on le voit, deux effets de la même cause, et n'ont pour but, de la part du pouvoir exécutif,

Desmoulins.　　　　　　　　　A 5

que d'empêcher la rentrée de ceux dont il a favorisé la sortie de toutes ses forces.

Enfin, vous voulez qu'on attaque, parce qu'après avoir employé trois ans à refroidir par degré l'imagination et l'impétuosité françoise sur la révolution, vous ne craignez rien tant que de voir une irruption des despotes, rendre au peuple toute son énergie. Vous avez calculé que, bercés depuis deux ans par tous vos endormeurs de ces idées, qu'on ne nous attaqueroit point, qu'on ne songeoit point à nous attaquer, si les François venoient à être assaillis chez eux par les émigrans, alors la fureur sera en raison de la confiance si long-temps trompée ; alors l'indignation contre vos *veto*, contre vos agens traîtres ou temporiseurs, triplera nos forces ; alors le peuple françois, ce peuple dont le premier choc, la première impétuosité a été regardée dans tous les temps comme presqu'insurmontable, *redeviendra torrent comme le 14 juillet, comme le 5 octobre ; hommes, femmes, enfans combattront, harceleront par-tout avec fureur les ennemis, qui ne feront pas un seul pas qui ne soit teint de leur sang ; et pas un de ceux qui auront passé le Rhin, ne le repassera.* Vous ne redoutez rien tant que cette guerre défensive, cette guerre *pro aris et focis*, cette guerre des femmes, des enfans et des sans-culottes, dont vous vous souvenez *que six à sept mille à Gênes, armés de couteaux et de pierres, ont chassé vingt mille Autrichiens conquérans* ; vous ne redoutez rien tant que cette guerre de *pavés,* cette guerre au dedans des murs, où il ne sert de rien à l'ennemi d'avoir forcé les remparts d'un peuple désespéré, où toutes les maisons deviennent des forts comme à Nancy ; où, sans les trahisons, la garde nationale, Châteauvieux et les femmes auroient exterminé seuls l'armée de Bouillé. C'est pour cela que vous voulez nous sortir de nos villes, vous voulez attirer les gardes nationales en rase campagne contre les troupes de ligne ; c'est dans les grandes batailles que les généraux peuvent faire de grandes trahisons ; c'est dans une grande bataille que *Bouillé* et la haute noblesse de Coblentz, dont la majorité veut la chambre haute, comme le prouvent leurs débats et leurs manifestes, espère combiner une trahison décisive avec votre général *Lafayette*, qui veut aussi la chambre haute. Je prie qu'on ne m'accuse point ici d'acharnement contre Lafayette. Depuis sa retraite j'avois laissé dormir l'accusation contre lui. Certain que ce n'est que la vertu qui gagne à être absente, que le crime absent a toujours tort, je le regardois comme ayant sur le corps cinquante pieds de terre ou plutôt de fumier, et j'avois jeté sur ses perfidies ce voile que jette l'humanité sur le visage des morts ; mais puisque le roi vient d'exhumer ce marquis, dont je savois bien que le désintéressement n'étoit que sur les lèvres, quand il feignoit de soupirer après la fin de la constitution, et qu'il juroit à la face de la nation de s'ensevelir alors dans la retraite ; je reprends toute ma franchise et ma vertueuse indignation. Il ne m'est arrivé qu'une fois, en ma vie, de voir arracher à un criminel l'aveu de son crime. C'est ici, le 21 juin, en présence de quinze cents témoins, que j'ai vu Danton réduire Lafayette au silence, le convaincre de machiner au moins une demie contre-révolution ; et c'est ce coupable condamné par son propre témoignage, c'est cet homme tout couvert du sang innocent de Nancy et du Champ-de-Mars, que vous souffrez que le roi ait nommé votre général, quand un décret lui défendoit cette nomination. Il n'est pas une société dans l'empire où il ne s'élevât à sa vue un cri d'horreur, au souvenir de ses fratricides; et dans l'assemblée nationale, il ne s'est pas trouvé un seul homme qui osât opposer à sa nomination, je ne dis pas ses assassinats, mais le texte de la loi qui défendoit de le nommer! (1) Et il a été couvert d'applaudissemens par le sénat! et le président a fait à cet homme, connu seulement par l'horreur publique et par la victoire du Champ-de-Mars, une réponse telle qu'il eût pu la faire à Scipion l'Africain, après la ruine de Carthage! Je ne tremperai pas dans cette lâcheté; que la vérité se réfugie dans cette tribune, puisque celle de l'assemblée nationale lui est fermée. Le temps n'est plus, où un cardinal disoit en donnant sa bénédiction au peuple: *puisqu'ils veulent être trompés, qu'ils le soient.* Aujourd'hui, c'est le peuple qui est éclairé, ce sont les tribunes qui ont vu presque toujours la vérité, et c'est presque toujours l'assemblée qui l'a méconnue. O ma patrie! est-ce donc ta destinée que, dans les siècles de ténèbres, le peuple soit aveugle par ignorance, et que dans les siècles de lumière, la majorité de ses représentans le soit par corruption? N'aurois-tu brisé tes fers qu'un moment, et serois-tu vouée à un esclavage éternel? (Le député Chéron, dans sa lettre au maire de Paris, avoue qu'il y a déjà deux cents soixante-quatre députés aux Feuillans.)

Je rentre dans mon sujet, et je dis qu'on espère la perte des grandes batailles qui découragent la nation, qui la disposent à écouter les Feuillans,

---

(1) *Vide* la constitution, Chap. II. Section IV. Art. II.

la médiation armée, et même Coblentz ; car c'est une chose qu'on ne peut trop redire. Tandis que Coblentz, la minorité du parti de Condé et Mirabeau veulent l'ancien régime pur et simple, la majorité, et à leur tête Bouillé, comme La-fayette, comme les actes des apôtres, comme *la liste civile, comme les Feuillans*, comme la médiation armée de l'Europe, se restreint à de-mander la constitution angloise. On n'attend que quelque grande défaite, où seulement notre las-situde, pour nous crier de toutes parts : *pour-quoi verser tant de sang ? Vous avez déjà re-connu des princes françois, en coûte-t il plus de reconnoître des barons françois ? N'êtes-vous pas trop heureux qu'avec une modification sa-lutaire, légère, déjà à demi adoptée, toutes les puissances vous garantissent cette constitution d'Angleterre, qui a fait si long-temps votre admiration, et qui lui a coûté dix-sept guerres civiles ?*

Voilà pourquoi on veut la guerre, et la guerre au-dehors.

Qui trouverons-nous en effet parmi ceux qui veulent l'attaque ? Pétion, qui n'a jamais varié, qui ne variera point, et dont j'ose bien aussi garantir le civisme inaltérable, m'a confondu dernièrement quand il m'a paru pencher pour l'attaque ; sans doute il sera revenu à l'opinion de Robespierre ; à l'exception d'un petit nombre de pareilles exceptions, dans l'opinion contraire que trouverons-nous ?

Des rois, nécessairement vaincus par la paix, et qui ne voient des ressources que dans la guerre, tellement qu'ils nous attaqueront sous deux mois si nous restons sur la défensive.

Des membres de l'assemblée constituante, des

ministériels, des nobles, en un mot des Feuillans, désespérés de leur nullité, du nivellement des conditions, qui, ne pouvant plus régner dans les comités, veulent être quelque chose dans leurs régimens. Tous ces gens-là tremblent que des mesures vigoureuses de l'assemblée nationale, l'accusation, la confiscation, le supplice des chefs exécutés en effigie, comme on vous l'a dit dans les 83 départemens, ne disperse les émigrans ; ils veulent que nous attaquions, parce qu'ils tremblent qu'on ne nous attaque point, et qu'ils n'espèrent plus que des hasards de la guerre le rétablissement de la noblesse et les deux chambres.

Il ne faut pas que la légende qu'ont prise les Feuillans, *la constitution toute entière, rien que la constitution*, nous en impose. Cette légende est aussi la nôtre, et on verra dans peu laquelle des deux sociétés y sera plus fidèle. Mais déjà, quand on voit aux Feuillans les *Dandré*, les *Barnave*, les *Chapellier*, les *Ramond*, les *Lameth*, les *Garnier*, les *Baumetz*, il n'y a personne qui ne se souvienne de ces paroles de l'évangile, *là où il y a des corps morts, il n'y a que les corbeaux qui s'y rassemblent*.

Et puis ces Feuillans, ces zélateurs de la constitution, craignent-ils donc si fort de mettre la main à l'arche, eux qui, lors de la révision, ont fait main-basse sur trois ou quatre décrets qu'ils avoient déclarés faire partie de cette inaltérable constitution ? Eux qui s'étant interdit de rien ajouter à l'acte constitutionnel après sa cloture, trois semaines après, le 27 septembre, ont décrété constitutionnellement le rapport du décret du 15 mai ? Sont-ils les amis si fidèles de la constitution, ceux qui tout-à-l heure encore, par la pétition individuelle des Desmeuniers et d'un directoire feuillant, renversoient de fond en comble la constitution, comme je l'ai démontré? Ceux qui tout-à-l'heure encore, par la nomination d'un général feuillant, du ci-devant député Lafayette, ont attenté à la constitution, qui défend au roi de nommer les députés aux emplois qui sont à sa disposition, si ce n'est deux ans après la législature? Les Feuillans aiment la constitution comme les Ephores aimoient les loix de Lycurgue · ces loix étoient la constitution de Sparte. *Lorsque Agis* (dit Plutarque) *voulut rétablir les loix de Lycurgue, les Ephores le condamnèrent à mort, comme ayant conspiré contre les loix de Lycurgue.*

Enfin nous trouverons des patriotes qui ont ouvert l'avis d'attaquer. Je ne viens point ici les calomnier ; mais ces patriotes ont à se reprocher des erreurs bien funestes et bien long-temps soutenues. J'ai aussi à me reprocher des erreurs ; mais celles-là ont été des erreurs d'un jour, et ceux qui m'avoient trompé, le lendemain je les ai précipités dans l'opinion de toute la hauteur où je les avois élevés. Ici je ne puis me défendre de penser que ceux qui vous inspirent de la confiance dans Lafayette, sont les mêmes hommes qui vous prêchoient la confiance en Bouillé dans leur rapport de Nancy, et qui, peu de jours avant le massacre du Champs-de-Mars, publioient encore que la démission de Lafayette *seroit une calamité.*

Bénissez le ciel, a dit M. Brissot, *de ce que la guerre arrive après que la constitution est faite.* Mais qui de nous peut se dissimuler qu'il y a 18 mois, il eût été bien plus vrai de dire :

Bénissez le c el de ce que la guerre arrive avant, que la constitution ne soit faite , avant que la constitution n'ait accordé le droit de faire la guerre, non pas au peuple qui, la déclare au moment qui convient à la liberté , mais au roi, qui la déclare au moment qui convient au des-, potisme ; bénissez le ciel de ce qu'elle arrive avant que la *Tour-du-Pin* et *Duportail* se soient disputés pendant trois ans à qui affoibliroit le plus votre armée , l'un par ses congés, et l'autre par ses nominations ; de ce qu'elle arrive avant qu'une longue succession de ministres , également conspirateurs, ne soient entrés tour-à-tour au ministère que pour affoiblir l'indignation publique en se la partageant entr'eux, et n'en soient sortis que pour aller rendre leurs comptes, où ? à Coblentz. Bénissez le ciel, aurions-nous dit alors, de ce que la guerre arrive quand notre numéraire circule tout entier dans le royaume ; quand nous avons trois milliards de biens du clergé pour la soutenir ; quand la caisse des liquidations n'est point devenue, comme le disoit M. Claviere lui-même, la caisse de contre-révolution ; quand un décret, rendu sur la motion de M. Lafayette, n'a point permis depuis trois mois à tous les contre-révolutionnaires d'aller rejoindre l'armée de Coblentz , avec armes et bagages, afin sans doute que cette armée fût plus forte, afin que les espérances de cette armée se relevassent en voyant qu'elle avoit en tête le général de qui elle tenoit ses passeports et ses armes. Bénissez sur-tout le ciel, aurions-nous dit alors , de ce que la guerre arrive avant que tous les ambassadeurs, pareils à ce Vergennes de Coblentz, qui faisoit faire ses dépêches par Calonne, ayent ligué l'Eu-rope contre nous, avant que tous ces canaux de
communication

communication, entre les différens cabinets et celui de Versailles, canaux pestilentiels qui ne pouvoient aspirer de tous côtés que la contre-révolution, et dégorger que l'aristocratie, avant que tous ces agens du pouvoir exécutif ayent eu le temps de distribuer les rôles, de combiner les opérations de la campagne, avant que tous les despotes, en un mot, soient prêts contre nous autant qu'ils peuvent l'être. Dans quel piège les traîtres nous ont conduit ! Il falloit, comme je l'ai dit cent fois, déclarer la guerre au commencement de la révolution, quand l'imagination et l'impétuosité françoise n'étoient point refroidies; quand, au bruit de la chûte de la bastille, le Brabant, Liège, Avignon se soulevoient, que tous les tyrans pâlissoient quand votre déclaration des droits, vierge et non encore prostituée au despotisme par les quatre-vingt-neuf et les Feuillans, faisoit soupirer tous les peuples ; quand le pouvoir exécutif n'avoit pas encore pris à tâche de dégoûter les nations de l'envie de demander, comme Avignon, d'être réunies à la France, en faisant de cette ville *réunie* un cimetière, et de la liberté, pour ce malheureux pays, un fléau plus terrible que la peste; quand, pour faire craindre aux nations commerçantes le contre-coup d'une révolution en Amérique, pour se venger du patriotisme des villes maritimes, pour soulever les places de commerce, le flambeau de la raison, entre les mains perfides du pouvoir exécutif et de ses alliés d'Espagne, n'étoit point devenu au Cap la torche des furies. On conviendra que, pour appeler tous les peuples à suivre l'exemple du peuple françois, on pouvoit mieux prendre son temps. Ah ! si lorsque le congrès belgique, il y a deux ans, vous envoya des députés, l'assemblée nationale, au lieu d'entendre le discours d'un M. Cloots, baron prussien et député *imaginaire* du genre humain, eut admis à la barre M. Thienne, plénipotentiaire *réel* du congrès belgique, à l'exemple des Belges! vingt peuples nous envoyoient des députés; alors, je ne me lasserai jamais de le dire, notre révolution en France s'achevoit par assis et levé; et si nous eussions fait la guerre, du moins cette guerre, dès-lors inévitable des peuples contre les rois, nous l'eussions faite à 50 lieues des frontières; mais il se trouva un député, dont le masque est tombé pour moi dès ce moment, un député qui depuis n'a paru aux envoyés belges, à qui il avoit donné vingt paroles d'honneur, qu'un homme sans foi et sans loyauté, et à moi que le *sinon de la révolution françoise*; il se trouva, dis-je, un député, un de nos médecins politiques, assez coupable pour faire à la nation, avec la confiance dont elle l'avoit investi, avec l'instrument qui devoit la guérir, une plaie que le fer ennemi n'eût point faite. L'avis qui eût paru d'un Achitopel dans la bouche de Montmorin, parut d'un Washington dans la bouche de la Fayette. On refusa d'ouvrir les lettres du congrès; les Belges, qui nous offroient le boulevard de leurs provinces, furent reconquis, et l'homme à qui Léopold doit déjà la conquête du Brabant, est celui que vous envoyez faire des conquêtes sur Léopold! *vous chargez d'installer* par-tout des municipalités les armes à la main, l'homme qui a refusé d'installer, sans coup férir, des municipalités à Bruxelles et dans dix provinces qui l'en supplioient, et vous êtes si empressés de vous jeter dans les bras de ce *sauveur*, que vous violez les décrets qui interdisent au roi de lui donner le commandement de l'armée!

Quand, prévoyant bien la guerre (dès-lors inévitable, je le répète,) des peuples avec les rois, nous vous avons conseillé une alliance défensive, avec le Brabant, Liège, Avignon et toutes les nations qui arboreroient la cocarde nationale, vous avez embrassé un autre système; vous avez cru devoir donner un autre exemple au monde; vous avez rendu le décret sublime que le peuple françois renonçoit à toute guerre offensive; ce décret, le chef-d'œuvre de la politique de Mirabeau, puisqu'il lui gagnoit à la fois la reconnoissance glorieuse des peuples, et la reconnoissance fructueuse de Léopold; vous n'avez pas vu que ce n'étoit qu'un décret de circonstance pour rassurer *sa majesté impériale* contre les sollicitations du congrés belgique auprès du peuple françois. Ce décret impolitique, lorsqu'il fut rendu, nous valut du moins l'admiration de l'Europe, et même lorsque le vieux Kannitz dit à l'empereur qui s'en rejouissoit beaucoup: *ce decret par lequel la France renonce aux conquêtes, lui fera la conquête de l'Univers,* son observation n'étoit pas si mal fondée. Quoiqu'il en soit, puisque le peuple françois a adopté cette politique, il est de sa dignité de ne pas l'abandonner si légèrement sur la proposition du roi, et de la pétition du Prussien Cloots et des feuillans.

Est-ce lorsque les princes françois, affamés par votre dernier décret, vont venir chercher la mort en fureur au milieu de vos batteries, et ne peuvent se sauver du ridicule de leur domquichotisme, contre 20 millions d'hommes, qu'en périssant le visage tourné vers Rome et couverts de blessure, comme Catilina; est-ce à la veille d'une agression indubitable que vous devez perdre votre posision et le fruit de ce décret par lequel la nation a déclaré qu'elle essuyeroit le premier feu?

Est-il possible que la conduite du pouvoir exécutif ne fasse pas tomber les écailles de vos yeux? Hier il a mis son *veto* au décret d'accusation, c'est-à-dire, à une déclaration de guerre de la nation à un seul homme; car, comme l'établit Jean-Jacques, l'arrêt de mort contre un criminel n'est autre chose qu'une déclaration de guerre que la société fait à un de ses membres. Quoi! il refusoit hier de signer la déclaration de guerre à des parricides, et aujourd'hui il propose la déclaration de guerre à ceux qui ne sont coupables qu'au second degré, et seulement de leur donner protection ! Après une contradiction si grossière, sied-il au ministre *Narbonne* de reprocher aux Jacobins des contradictions? De quel front se plaint-il de notre peu de confiance dans la bonne foi de Louis XVI? Pouvons-nous croire à son amour pour la constitution, quand les dépositaires de ses secrets les plus intimes, quand ses frères n'y croyent pas eux-mêmes? Une preuve entre mille, et une preuve sans replique, que ses frères ne doutent pas que Louis XVI ne nous trahisse, c'est que quand une fausse nouvelle leur a appris une seconde évasion du roi, ceux à qui il vient nons dire qu'il a fait part de son attachement sincère, inaltérable à la constitution; ceux qui le savent *patriote*, n'ont pas douté un moment que le roi *patriote* ne se fût réellement enfui. Ils l'ont si bien cru, qu'ils ont fait mille extravagances, et qu'on a vu des princesses, ne pouvant contenir leur joie d'une nouvelle que leur persuadoient la disposition de leur frère et ses dernières lettres, sauter en public au con des gardes-du-corps. Je le demande à tout homme de bon sens ; quand tout le camp de Coblentz eût ajouté foi au courier, les frères du roi l'auroient-ils jamais cru, (eux à qui il venoit de faire part encore la veille de son amour inébranlable pour la constitution) s'ils n'avoient été bien sûrs personnellement des intentions du roi *honnête homme ?*

Les Jacobins ne se contredisent point ; et nous aussi, nous voulons la guerre ; nous la voulons, parce qu'à la honte des nations, le sang est le lait de la liberté naissante ; nous la voulons, parce que nous sommes plus certains que ceux qui la demandent, qu'elle n'aura point l'issue qu'ils s'en promettent. Mais il y a tant d'endormeurs, que je les laisse vous entretenir de nos espérances, et je ne monte à cette tribune que pour parler de mes défiances, pour tâcher d'inspirer cette crainte qui est le commencement de la sagesse.

Nous voulons la guerre, mais nous voulons encore plus les succès ; et pour l'assurer, voici les mesures à prendre et le résultat de cette discussion.

Il faut d'abord poursuivre le voleur avant le receleur ; le criminel avant celui qui lui donne asyle. Il faut d'abord mettre les chefs des conjurés en état d'accusation ; il faut les condamner à mort comme traîtres*, les poursuivre avec le glaive de la loi et les frapper. Alors vous notifierez cet arrêt de mort aux électeurs, et leur déclarerez que s'ils continuent à souffrir les rassemblemens, ils seront regardés eux-mêmes comme fauteurs de rébelles et poursuivis par la guerre.

Il faut fixer aux émigrés un délai court et fatal, passé lequel ils seront enveloppés dans la proscription des chefs et leurs biens confisqués. Ne vous inquiétez pas de la notification. Ces décrets selon les loix seront suffisamment signifiés à son de trompe au lieu du domicile, comme contre des contumaces.

Pourquoi la haute cour nationale n'est-elle pas encore à Orléans? Pourquoi n'a-t-elle pas mis les princes en état d'accusation, sans qu'il soit besoin d'un décret? Car l'accusation de l'embaucheur Varnier implique l'accusation de ceux pour qui il embauchoit.

En attendant l'effet de vos décrets, attaquez les ennemis du dedans. A l'exemple de l'assemblée constituante, dans un moindre danger, faites à la nation une adresse, un manifeste à tous les peuples; décrétez que la liberté est en péril. Au lieu de décréter vingt millions aux ministres pour aller semer la corruption, décrétez des piques, qui vous coûteront moins cher, et vous serviront mieux. Si vous aviez ouvert la discussion sur l'éligibilité de Lafayette, il eut été facile d'établir son inéligibilité et son accusabilité; mais ce courage vous a manqué. Enchaînez du moins la trahison; ne souffrez pas que les généraux passent le Rhin; attendez les esclaves et les tyrans au milieu de nos batteries, au milieu de nos foyers et au milieu de vingt millions d'hommes; quand vous les aurez exterminé, alors vous pourrez pousser vos victoires; alors vous pourrez marcher à l'affranchissement des peuples; alors vous pourrez proposer à votre armée ce beau serment que Plutarque rapporte, que fit l'armée d'*Athènes, de ne reconnoître les frontières de l'Attique et de la liberté qu'au-delà des bleds et des orges, des vignes et des oliviers, c'est-à-dire que les bornes du monde.* Puisque le pouvoir exécutif vous a déclaré une guerre ouverte, puisqu'il ne se lasse point d'user de son *veto* liberticide, vous avez un moyen sûr de faire périr l'ennemi de ses propres mains ; appliquez-vous à rendre des décrets si populaires, si bien-faisans, que le roi y mette encore son *veto*, et comble la mesure de l'indignation nationale. Souvenez-vous de cette leçon de Machiavel, quand Porsenna voulut rétablir les Tarquins, le sénat craignant que le peuple facile n'aimât mieux les recevoir que de faire la guerre, le déchargea de tous les impôts, dont il répartit la masse sur les citoyens aisés, en disant que les pauvres travailloient assez pour la république, en nourrissant leur famille et en payant l'impôt de leur sang dans les combats.

La société des amis de la constitution, séante aux Jacobins, a arrêté l'impression de ce discours, dans sa séance du 25 décembre 1791, l'an troisième de la liberté.

Signés, GRANGENEUVE, *président* ; ALBITTE, GOUPILLEAU, *députés à l'assemblée nationale* ; ROUSSEL ; ROUSSEAU ; PERROCHEL ; AL. MÉCHIN, *secrétaires*.

De l'Imprimerie du PATRIOTE FRANÇOIS, place du Théâtre Italien.

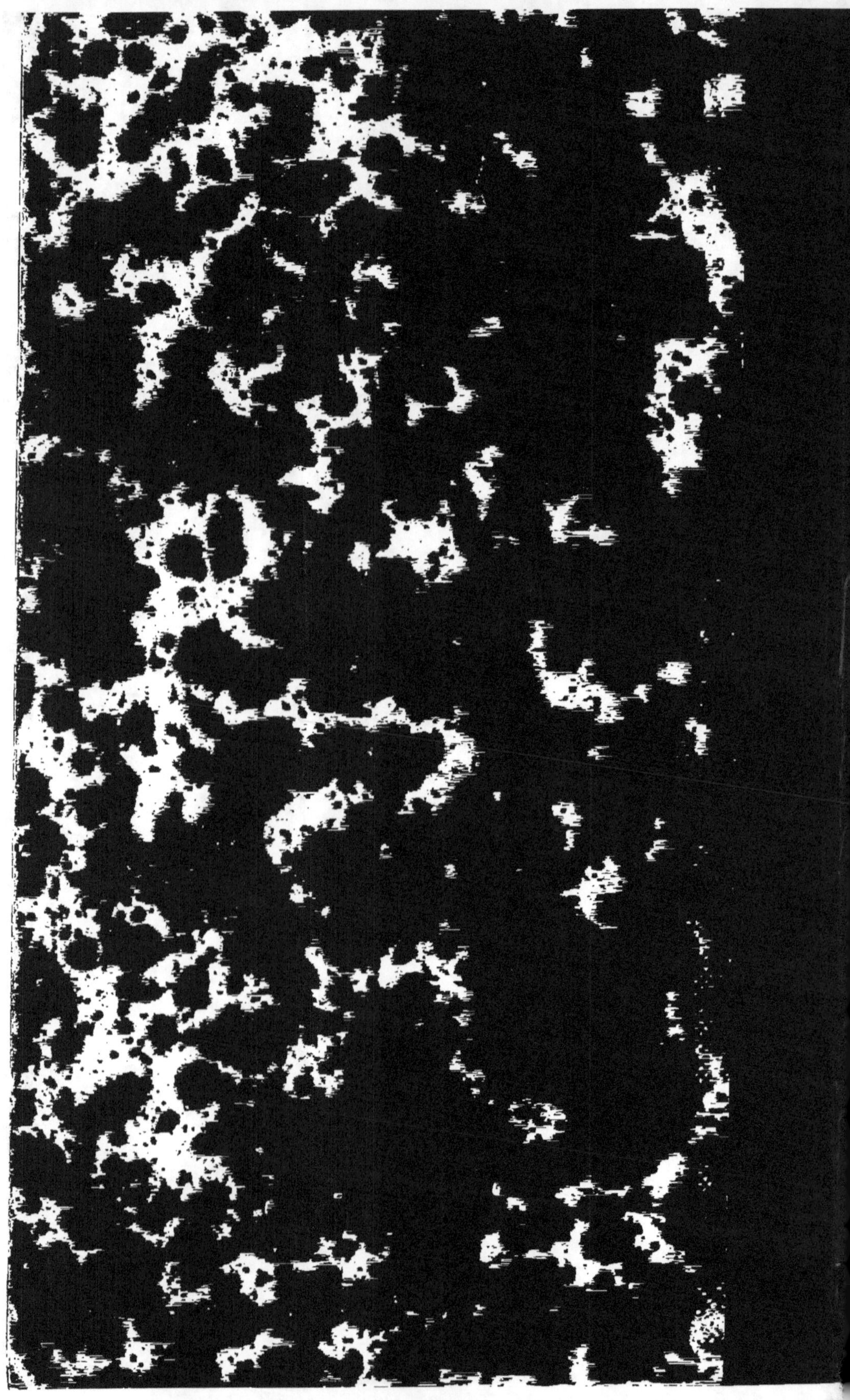